I

Feldstiefmütterchen

II

Rose

III

Lilie

IIII

Engelwurz

V

Glockenblume

VI

Mandragora

VII

Sturmhut

VIII

Minze

VIIII

Knabenkraut

X

Thymian

XI

Löwenmaul

XII
Mistel

XIII

Getreide

XIIII

Seerose

XV

Raute

XVI

Klatschmohn

XVII

Salomonssiegel

XVIII

Herbstzeitlose

XVIIII

Johanniskraut

XX

Linde

XXI

Brennessel

O

Flockenblume

As der Blätter

Zwei
der Blätter

Drei
der Blätter

Vier
der Blätter

Fünf
der Blätter

Sechs der Blätter

Sieben
der Blätter

Acht
der Blätter

Neun
der Blätter

Zehn
der Blätter

Knappe der Blätter
Sisyphos

Ritter der Blätter
Kerberos

Königin der Blätter

Enyo

König der Blätter
Ares

As

der Äste

Zwei
der Äste

Drei
der Äste

Vier
der Äste

Fünf
der Äste

Sechs
der Äste

Sieben
der Äste

Acht
der Äste

Neun
der Äste

Zehn
der Äste

Knappe der Äste
Zephir

Ritter der Äste

Pegasus

Königin der Äste
Boreas

König der Äste
Notos

As
der Blüten

Zwei
der Blüten

Drei
der Blüten

Vier
der Blüten

Fünf
der Blüten

Sechs
der Blüten

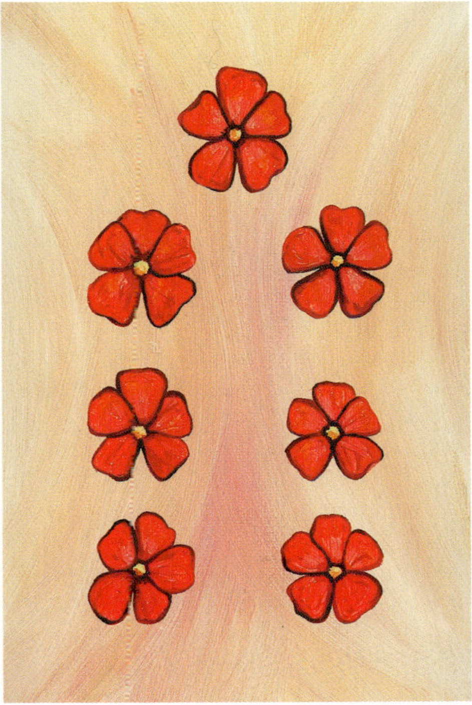

Sieben
der Blüten

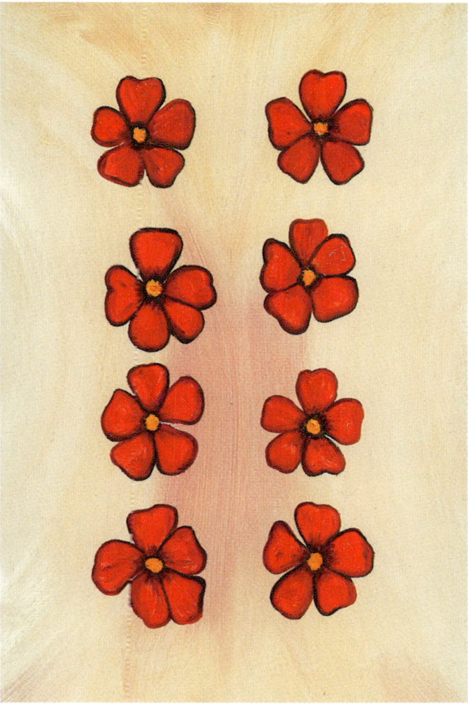

Acht
der Blüten

Neun
der Blüten

Zehn
der Blüten

Knappe der Blüten
Danaide

Ritter der Blüten

Sirene

Königin der Blüten
Thetis

König der Blüten
Äneas

As der Körner
das Füllhorn

Zwei
der Körner

Drei
der Körner

Vier
der Körner

Fünf
der Körner

Sechs
der Körner

Sieben
der Körner

Acht
der Körner

Neun
der Körner

Zehn
der Körner

Kanppe der Körner
Tantalos

Ritter der Körner
Chiron

Königin der Körner
Themis

König der Körner
Paion

Garantie

Dieser Tarot wurde in unserer Fabrik, in Turnhout, Belgien, mit grösster Sorgfalt hergestellt. Sollte er wider Erwarten einen Fehler aufweisen, senden Sie bitte die grossen Arkanen zusammen mit der defekten Karte an uns zurück. Wir werden jedes nicht offensichtlich stark benützte Spiel kostenlos ersetzen. Weitere Ansprüche können nicht anerkannt werden.

AGM
AGMÜLLER

Bahnhofstrasse 21
CH-8212 Neuhausen
Schweiz

Hellen Tarot

Gebrauchsanleitung

(Deutsche Ausgabe)

Hellen Tarot

ISBN: 3-905219-72-7
Artikelnummer: 12.602

Französischer Originaltext: Valérie Bernard.

Satz: AGM AGMüller, Neuhausen

Gebrauchsanleitung gedruckt in der Tschechischen Republik bei Synergie, Prag.

Produktion: AGM AGMüller, Neuhausen

Der Hellen-Tarot ist ein Tarot der Natur. Majestätische, symbolträchtige Pflanzen mit verborgener Bedeutung enthüllen seine Geheimnisse. Die Geister der Natur, phantastische Kreaturen, überbringen Ihnen die uralten Botschaften des Tarots und beantworten Ihre Fragen.
Wir alle wissen, daß auch Pflanzen eine Sprache haben. Jede Pflanze spricht in ihrer Sprache zu Ihnen, um Sie vor Gefahren zu warnen, um Ihnen eine Situation zu erklären oder um tiefgründige Geheimnisse zu entschleiern.

So gehen Sie mit diesem Tarot am besten um:

Bevor Sie ihn zum erstenmal benutzen, magnetisieren Sie ihn leicht oder tragen ihn einfach einige Zeit bei sich. Sie können ihn auch nachts unters Kopfkissen legen.
Borgen Sie den Tarot niemandem, damit Sie keine unangenehmen Nachwirkungen spüren. Zeigen Sie ihn auch nicht herum – Tarots sind empfindlich und manchmal ein wenig launisch.

Die Karten

Schlagen Sie die Bedeutung der Karten im Booklet nach, oder versuchen Sie, über eine Karte zu meditieren, um sie zu verstehen.

Zuerst begegnen Sie 22 Pflanzen, den Großen Pflanzen des Hellen-Tarots. Sie herrschen über ein Reich und sorgen für ein dauerhaftes Gleichgewicht. Diese Karten symbolisieren die Kräfte der Natur, personifiziert von himmlischen Wesen. Sie kündigen wichtige Ereignisse an, und ihre symbolische Bedeutung hilft Ihnen weiter, wenn Sie Rat brauchen.

56 weitere Karten gehören vier Familien an, den Familien der Naturgeister, die jeweils eine bestimmte Aufgabe erfüllen. Diese Zahlenkarten sind mit den Elementen verbunden und geben Ihnen konkrete Hinweise auf den Lauf der Dinge. Wenn Sie Karten ziehen, denken Sie daran, daß eine Große Pflanze einem Kleinen Naturgeist stets vorgeht. Die Naturgeister verdeutlichen das große Bild.

Die 22 Großen Pflanzen

1 Feldstiefmütterchen

Das Stiefmütterchen ist die Blume der Bewegung, der Initiative. Es blüht im Frühling, und sein Duft ist ein Aphrodisiakum. Dieses Blümchen stahlt Dynamik und Sehnsucht nach Fortschritt aus. Seine Blätter entfalten sich streng nach Vorschrift: Das eine hat die Form einer Tasse und fängt den Tau ein; das zweite strebt zur Sonne; ein drittes ist bescheiden und nimmt die Form eines Ringes an, während das vierte die drei anderen im Gleichgewicht hält. Das Stiefmütterchen hat eine starke Anziehungskraft, die Menschen zusammenführt – darum gilt es in Zauberbüchern als Kupplerin. Aber es kann nur Anstöße geben.

In seiner Sprache sagt das Stiefmütterchen: "Vergiß nicht, daß du erst am Anfang stehst."

Neuheit, Herausforderung, Beginn, Dinge ins Lot bringen. Gutes Benehmen.

2 Rose

Die Rose, die wir in allen Düften des Orients riechen, ist das Symbol des Heiligen. Keine andere Blume hat einen so betörenden Duft und so samtige Blütenblätter – die sich allerdings mit Dornen schützen. Die Rose warnt uns davor, direkt in die Sonne zu schauen, weil wir dadurch geblendet werden. Aber die Dornen weisen auch auf bevorstehende Schwierigkeiten hin. Die Rose symbolisiert göttliche Geheimnisse, in die wir allmählich eingeweiht werden.

In ihrer Sprache sagt die Rose: "Ich zeige dir den Weg, aber gehen mußt du ihn selbst."

Wissen, Wissenschaft, außergewöhnliches Glück. Die spirituelle Welt.

3 Lilie

Die Lilie ist die Blume Heras, der Göttin, die auf dem Olymp herrscht. Ein Mythos erzählt, die Lilie sei vom Himmel gefallen, strahlend vor Reinheit. Sie ist das Symbol der Vollkommenheit, das Echo des himmlischen Wohlwollens, das für Wachstum auf Erden sorgt. Diese Blume ist so weiß, daß ihr Schatten bläulich wirkt. Sie symbolisiert Erhabenheit und verstärkt das Gute.

In ihrer Sprache sagt die Lilie: "Strebe nach Vollkommenheit – du wirst gut beschützt."

Wohlwollen, Mutterliebe, das Weibliche.

4 Engelwurz

Die Engelwurz ist die Blume des Erzengels. Erzengel sind himmlische Geschöpfe, die eine wichtige Rolle beim Gleichgewicht der Naturgewalten spielen. Der Erzengel dieser Pflanze ist der Drachentöter, der auch die Macht der Erde zähmt. Die Engelwurz kann kanalisieren, führen und schützen.

In ihrer Sprache sagt die Engelwurz: "Ich sporne dich an, ich stärke Seele und Geist."

Beschützer, Vaterliebe, das Männliche.

5 Glockenblume

In der Krone dieser Blume bewunderte sich die schöne Venus. Aber eines Tages entglitt sie ihrer Hand und fiel zur Erde. Wer sich darin betrachtet, ist von ihrer Schönheit betört und vergißt alles andere. Dieser Spiegel verschönt die Wirklichkeit, und darum haben die Menschen ihn zum Symbol der

Wachsamkeit gemacht: Wir dürfen uns nicht vom äußeren Schein blenden lassen, sondern müssen den Dingen auf den Grund gehen.
In seiner Sprache sagt die Glockenblume: "Wachsamkeit ist aller Weisheit Anfang."
Inspiration, Meisterschaft, Unterricht, Rituale, Loyalität.

6 Mandragora

Die Mandragora ist die mächtigste aller Pflanzen der Liebe. Sie vereinigt in sich alle Energien der Erde und zieht die Liebe an wie eine Liebende. Doch diese Pflanze ist auch die launischste von allen; sie fordert ständige Aufmerksamkeit, andernfalls wendet sie sich gegen ihren Besitzer. Sie verlangt, daß wir uns entscheiden.
In ihrer Sprache sagt die Mandragora: "Liebe oder weise zurück – aber entscheide dich."
Liebe, starke Freundschaft, gegenseitige Zuneigung. Kreativität.

7 Sturmhut

Den Sturmhut setzen wir auf, bevor wir in die Schlacht oder in ein Abenteuer ziehen. Diese sehr giftige Pflanze ist das Symbol des Aufbruchs und der Eroberung; sie nimmt die Dinge nicht leicht. Im Mittelalter symbolisierte sie Ritterlichkeit und Tapferkeit, die keinen Kompromiß zuließen. Der Sturmhut ist die unwiderstehliche Energie und Begeisterung der tapferen Jugend.
In seiner Sprache sagt der Sturmhut: "Dein Wille ist deine stärkste Waffe. Benutze ihn klug."
Ansteckende Begeisterung, Siegeswille, Anstrengung, Bewährungsprobe.

8 Minze

Einst war die Minze eine schöne Nymphe namens Minthe, die Hades, der Gott der Unterwelt, zu seiner Geliebten machte. Sie liebte ihn, obwohl er Persephone heiratete, die Minthe aus Eifersucht in eine Pflanze verwandelte. Zwar trägt sie niemals Früchte, doch ihr Duft erquickt Körper und Geist. Die Minze und ihr Geschmack regen das Denken an und verbessern die Konzentration, als wolle die Pflanze der Vernunft zum Sieg über den Impuls verhelfen.

In ihrer Sprache sagt die Minze: "Denke stets an die Folgen, bevor du dich auf etwas einläßt."

Gleichgewicht der Kräfte, Ursachen und Folgen, Gerechtigkeit.

9 Knabenkraut

Das Knabenkraut ist eine wilde Orchidee, die im Gebirge wächst. Ihre Blüte leuchtet, und ihre Blütenblätter schließen sich manchmal, als wollten sie dieses Licht vor unwürdigen Augen verbergen. Die kleinen dunklen Flecke symbolisieren die Blessuren des Lebens, die erträglicher werden, sobald wir sie akzeptieren und verstehen. Dies ist die Einsicht einer edlen Seele, die den Sinn dieser Wunden begriffen hat.

In seiner Sprache sagt das Knabenkraut: "Sei umsichtig, und du bleibst frei."

Wissen, Umsicht, Weisheit, Geheimnisträger, verborgene Schätze nutzen.

10 Thymian

Der Thymian symbolisiert Aktivität. Man sagt, er heile Wunden und Verstauchungen. Alten Zauberbüchern zufolge kann der Thymian sogar Armut

verhindern. Mit einem Wort: Er beseitigt alles, was verhindern könnte, daß wir uns im wörtlichen und übertragenen Sinne weiterentwickeln. Seine immergrünen Blätter erinnern uns daran, daß es nichts Dauerhaftes gibt außer dem Wandel.
In seiner Sprache sagt der Thymian: "Alles ist zu deinem Empfang bereit. Bleib also nicht unterwegs stehen."
Glück, günstige Gelegenheiten, Schicksal, Bewegung.

11 Löwenmaul

Das Löwenmaul wächst mitten in einem pflanzlichen Hofstaat. Es sieht hochmütig und königlich zugleich aus. Diese Pflanze symbolisiert gebändigte Kraft – eben die Kraft, die sie ausstrahlt. Mühelos trotzt sie allen widrigen Umständen und nutzt ihre Kraft, um selbst in einer öden Umgebung zu glänzen. Sie setzt sich durch und erreicht ihr Ziel: das Licht.
In seiner Sprache sagt das Löwenmaul: "Mach die Dinge nicht zu kompliziert – handle!"
Macht, Herrschaft, Kraft, Mut, Ausdauer, Erfolg.

12 Mistel

Die Mistel wurde immer mit Opfern assoziiert – vielleicht weil sie auf einem Bauch wächst und sich ihm scheinbar aufopfert? Im Winter, wenn der Baum keine Blätter hat, hilft sie ihm, die Energie der Sonne einzufangen. In der alten Zeit galt eine Eiche, auf der eine Mistel wuchs, als Wohnung einer Göttin. Zu viele Misteln schaden jedoch dem Baum und ersticken ihn. Die Mistel weist darauf hin, daß Opfer nützlich sein können, wenn wir daraus keine Gewohnheit machen.

In ihrer Sprache sagt die Mistel: “Ich überrage alles. Das Opfer ist nur vorübergehend.”
Opfer, innerer Wandel, notwendiger Austausch, ein aufgeschobener Plan.

13 Getreide

Die Göttin des Getreides und der Ernte ist Demeter. Das Getreide spiegelt das Bild der Transformation wider: Wenn es reif ist, muß man es mähen, damit Menschen und Tiere Nahrung haben; andernfalls verkümmert es und verwildert mit der Zeit. In vielen Kulturen war das Getreide das Symbol der großen Transformation, der Reise ins Jenseits. Schon die Menschen der Steinzeit schmückten damit ihre Gräber, damit die Verstorbenen in der anderen Welt nicht hungern mußten.
In seiner Sprache sagt das Getreide: “Ein Korn ist erst nützlich, wenn es transformiert wird.”
Vollständiger, sichtbarer Wandel. Das Ende einer Situation. Beginn einer neuen Phase.

14 Seerose

Die Seerose wächst friedlich unter der Wasseroberfläche. Sie ist eine westliche Base der Lotosblume und wird mit dem Mythos von Deianeira assoziiert, die ihren untreuen Gatten Herakles wieder für sich gewinnen wollte. Der Kentaur Nessos riet ihr, sein vergiftetes Blut als Liebeszauber zu benutzen. Deianeira tränkte damit das Gewand ihres Mannes, und als dieser qualvoll gestorben war, nahm sie sich das Leben. Sie wurde in eine Seerose verwandelt, die uns heute noch unablässig ermahnt, das Gleichgewicht und die Harmonie zu bewahren.

In ihrer Sprache sagt die Seerose: "Beruhige dich. Mäßigung hilft dir, Lösungen zu finden."
Harmonie, Ruhe, Mäßigung, Diplomatie, Mitgefühl, Gerechtigkeit.

15 Raute

Die Raute wird seit uralten Zeiten verwendet, um zu reinigen, Zauberer und Hexen zu bekämpfen, Parasiten zu vertreiben und Plätze zu exorzieren. Ihre Macht, böse Schwingungen zu neutralisieren, ist enorm. Wenn diese Karte erscheint, weist sie auf zahlreiche Hindernisse, Feindseligkeit und Ärger aller Art hin. Die Umwelt ist Ihnen feindlich gesinnt. In dieser düsteren Zeit entfaltet die Raute ihre läuternde Wirkung.
In ihrer Sprache sagt die Raute: "Du bist von bösen Einflüssen umgeben. Handle!"
Triebe; Feinde, Feindschaft, eine Falle; eine Kraft, die Ihre Pläne stört.

16 Klatschmohn

Der Klatschmohn schmückt grüne Wiesen mit roten Tupfern. Diese Karte kündigt eine gewaltsame Veränderung, einen Bruch, eine heftige seelische Krise an. Klatschmohn wird in der Volksmedizin als Schlafmittel verwendet. Nach einem Mythos konnte nur diese reine Pflanze dank ihrer leicht narkotischen Wirkung die Göttin Demeter besänftigen, nachdem Hades, der Herr der Unterwelt, ihre Tochter Persephone entführt hatte. Da der Klatschmohn Kummer und Angst jeder Art lindert und nach einer alten Überlieferung selbst von den schlimmsten Leidenschaften befreit, hilft er auch in der Situation, die er ankündigt.

In seiner Sprache sagt der Klatschmohn: “Ich habe die Farbe der Flamme, aber ich vergehe so schnell wie ein Sturm.”
Bruch, Scheidung, Streit, Verhängnis, abrupter Wandel.

17 Salomonssiegel

Das Salomonssiegel ist ein wildes Maiglöckchen. Einst rühmten Zauberer seine Kräfte und mischten es in ihre Zaubertränke, weil sie glaubten, es symbolisiere das berühmte Siegel Salomons. Eine Legende erzählt, das Salomonssiegel sei ein Talisman, den der Erzengel Raphael dem König Salomon vom Himmel gebracht habe. Es besteht aus zwei ineinander verschlungenen Dreiecken. Das eine zeigt nach oben und ist das Symbol der Wirkung des Menschen auf die Natur; das zweite deutet nach unten und steht für den Einfluß der Natur auf den Menschen. Dieses magische Siegel verschaffte seinem Träger Macht über die Naturgewalten. Das Salomonssiegel ist das Sinnbild des Glücks und verspricht das Eingreifen himmlischer Mächte. Sie haben einen Helfer, dessen Einfluß über das Physische hinausgeht – es ist, als würden Sie von den Kräften der Natur inspiriert und unterstützt.
In seiner Sprache sagt das Salomonssiegel: “Trotz deiner Zweifel werden deine Wünsche eines Tages erfüllt.”
Hoffnung, Inspiration, Einfluß eines stärkeren Willens, Lohn nach langem Warten.

18 Herbstzeitlose

Die Herbstzeitlose wächst im Herbst auf feuchten Wiesen. Sie kündigt das Absterben der Vegetation

und eine Zeit des Friedens und der Kälte an. Ihr lateinischer Name, Colchicum automnale, erinnert an den Ort ihrer Herkunft, die Kolchis. Für die alten Griechen war dies ein phantastischer, von unheimlichen Wesen bewohnter Ort. Die Herbstzeitlose symbolisiert alles, was auch dieser Karte zugeschrieben wird: eine Reise in eine unsichere Gegend, einen hinterlistigen Feind, eine Verschwörung. Die Blüten sind zwar sehr giftig, enthalten aber ein Gewürz, das einst mit Gold aufgewogen wurde: den Safran. Die Pflanze ist das Symbol des Reichtums, der sich in der Gefahr verbirgt.
In ihrer Sprache sagt die Herbstzeitlose: "Jemand versucht, dich zu vergiften. Schütze dich. Wenn du den Grund entdeckst, findest du einen Schatz."
Gefahr, Dunkelheit, unklare Einflüsse, eine Situation, die sich ändert. Eine interessante Reise. Zweites Gesicht.

19 Johanniskraut

Das Johanniskraut trägt seinen Namen, weil man es mittags am Johannistag erntet. An diesen Tag erreicht die Sonne ihren höchsten Punkt. Nach einem alten Glauben ist in dieser Pflanze am Johannistag die ganze Kraft der Sonne konzentriert. Man verwendet hauptsächlich ihr Öl, um Wunden zu heilen. Aber das Johanniskraut steht auch im Ruf, Gespenster zu vertreiben.
In seiner Sprache sagt das Johanniskraut: "Ich verjage die Phantome aus deinem Kopf. Die Wahrheit heilt alle deine Wunden."
Licht, Wahrheit, Freude, Glück, Zufriedenheit, Heilung.

20 Linde

Wer hat noch nie davon geträumt, im Schatten eines Lindenbaumes zu liegen! Der Duft der Lindenblüten wirkt beruhigend, und als Tee schenken sie uns einen erholsamen Schlaf. Die Linde kündigt eine notwendige Ruhephase an. Sie müssen sich sammeln, damit Sie klarer sehen. Lindenblüten kräftigen den müden Körper. Die Römer benutzten sie als Stärkungsmittel, vor allem wenn sie verliebt waren.
In ihrer Sprache sagt die Linde: "Ruhe dich aus und erhole dich, aber schlafe nicht ein."
Ruhe, Erholung, Trost, Poesie, Inspiration, Wiedergeburt, Läuterung.

21 Brennessel

Die Brennessel ist eine Pflanze, die in der Nähe unserer Häuser wächst. Sie enthält viele wichtige Nährstoffe, und ihre Heilkräfte sind berühmt. Ihren Ruf als Beschützerin verdankt sie ihren Brennstacheln. Nach alten Zauberbüchern ist sie von einem Schutzschild umgeben, der andere daran hindert, uns zu belästigen. Die Brennessel symbolisiert den totalen Erfolg. Der Erfolg ist gewiß, unabhängig von der Einstellung anderer, denn diese Karte verkündet immer Erfolg, Sieg und Zufriedenheit.
In ihrer Sprache sagt die Brennessel: "Du bekommst mehr, als du dir gewünscht hast. Die harte Zeit liegt hinter dir."
Als letzte der Großen Pflanzen sagt sie außerdem zu allen anderen: "Was ihr denkt, ist mir egal."
Erfolg, ein Diplom, Triumph, Ehre, Popularität.

0 Flockenblume

Der lateinische Name der Flockenblume, Centaurea cyanus, ehrt den edlen Kentauren Chiron, der dem Gott Äskulap beibrachte, mit Kräutern Menschen zu heilen. Mittelalterliche Zauberbücher behaupten, sie löse Halluzinationen aus, wenn man sie in das Öl einer Lampe mische. Sie verwirrt also den Geist, solange ihr Zauber wirkt. Die Flockenblume warnt vor konfusem Denken. Es fällt Ihnen derzeit schwer, die Situation zu begreifen. Sie finden vieles verlockend, können sich aber nicht entscheiden. Das ist eine schmerzhafte Irrfahrt.

In ihrer Sprache sagt die Flockenblume: “Hör auf, dich im Kreis zu drehen. Öffne die Augen!”

Zaudern, ungenutzte Talente, Torheit, Vagabundieren.

Die 56 Kleinen Karten

Die 56 Kleinen Pflanzen sind in vier Familien eingeteilt – in die vier Teile einer Pflanze. Die Familie der Blätter regiert unseren Umgang mit anderen, kündet aber auch von Reibungen – denn der Wind läßt die Blätter erzittern. Die Familie der Äste symbolisiert Beziehungen und Austausch – wie der Saft, der als Blut durch die Äste zirkuliert. Die Familie der Blüten erzählt von Liebe und Schönheit, vom Tau des Himmels, den sie im Schoße ihrer Blütenblätter sammelt, und von den Düften, die sie absondert. Zur Familie der Körner gehören jene Teile der Pflanze, die als Samen in der Erde verborgen sind. Sie symbolisiert den Reichtum, das Erbe und vergrabene Schätze.

Die Familie der Blätter

Die Familie der Blätter ist mit dem Element Feuer verbunden. Das Feuer symbolisiert rasches Handeln, gleißendes Licht und abrupten Wandel. Es ist das Element des Mutes und der Macht, aber auch der Selbstbehauptung. Die Blätter gehören dem Edlen Lorbeer.
In den Pflanzen symbolisiert das Feuer die Photosynthese, die Umwandlung des Lichts in Energie.

König der Blätter Ares

Ares ist der Gott des Krieges. Er hält ein mächtiges Feuer in der Hand. Seine Füße stehen auf Blättern. Die Blätter fangen das Feuer der Sonne ein und wandeln es in Energie um. Der König der Blätter symbolisiert Schutz durch einen entschlossenen Menschen, durch eine Autorität.

Königin der Blätter Enyo

Enyo ist die Göttin des Streits. Sie symbolisiert eine entschlossene Frau, die der Konfrontation und dem Kampf nicht ausweicht. Eine einflußreiche Frau beschützt Sie – oder eine Frau, die Ihnen nahesteht, greift zu den Waffen, um für oder gegen Sie zu kämpfen.

Ritter der Blätter Kerberos

Kerberos bewacht die Pforten der Unterwelt, die kein Lebender durchschreiten darf. Einerlei, was Ihnen zu schaffen macht – er rät Ihnen, wachsam zu sein. Eine aggressive Macht wird sich Ihnen in den Weg stellen. Kerberos sagt einen erbitterten Kampf voraus, den Sie jedoch gewinnen können. Auf jeden Fall nähern Sie sich einem gefährlichen Gelände.

Knappe der Blätter Sisyphos

Sisyphos ist ein Sklave der Unterwelt. Wegen seiner Arroganz wurde er dazu verurteilt, in der Hölle zu schmachten. Er macht Sie darauf aufmerksam, daß ein gerissener, schlechter Mensch sich für Ihren Besitz oder Ihre Ideen interessiert. Hüten Sie sich vor Spionen.

Zehn der Blätter

Die Zehn der Blätter verspricht Ihnen einen Sieg über Ihre Rivalen und über sich selbst. Die Spannungen sind abgebaut, aber die Folgen stehen noch nicht fest. Sie müssen noch eine Weile durchhalten!

Neun der Blätter

Die Neun der Blätter kündigt einen inneren Kampf an. Verbündete oder Kollegen ändern ihre Einstellung – es herrscht Rivalität allenthalben.

Acht der Blätter

Die Acht der Blätter kündigt eine Periode der Ruhe und Stabilität an, eine Phase des Friedens während eines verbitterten Kampfes. Nutzen Sie diese Zeit, um neue Kraft zu schöpfen.

Sieben der Blätter

Die Sieben der Blätter symbolisiert eine Wende, einen Wandel mitten im Tageskampf. Der Einsatz kann gering oder erheblich sein. Ändern Sie Ihre Strategie. Eine aktive Phase vor dem Sieg.

Sechs der Blätter

Die Sechs der Blätter warnt vor Feindseligkeit. Viele Kämpfe stehen bevor. Diese Karte unterstützt Sie und macht Ihnen Mut.

Fünf der Blätter

Die Fünf der Blätter rät Ihnen, gut nachzudenken, bevor Sie Ihre Pläne verwirklichen. Diese Karte symbolisiert übereiltes und unüberlegtes Handeln. Menschen, die gewöhnlich auf Ihrer Seite sind, haben jetzt kein Interesse.

Vier der Blätter

Die Vier der Blätter warnt vor vielen drohenden Gefahren. Seien Sie wachsam, und achten Sie auf Ihre Schwächen und auf mächtige Leute.

Drei der Blätter

Die drei der Blätter kündigt Schwierigkeiten und Widerstände aller Art an, z. B. Verzögerungen durch Behörden. Diese Karte erscheint auch bei Liebeskummer.

Zwei der Blätter

Die Zwei der Blätter warnt vor wichtigen Feinden, vor offener und versteckter Feindschaft. Aber sie verspricht auch Schutz vor Feinden, die im Grunde gar nicht so mächtig sind. Die Karte rät zur Wachsamkeit gegenüber geldgierigen Menschen, deren Absichten jedoch entlarvt werden. Was die Gesundheit betrifft, so ist fachkundiger Rat dringend zu empfehlen.

As der Blätter

Das As der Blätter triumphiert an einem azurblauen Himmel und spiegelt die Intelligenz wieder, mit der Sie alle bevorstehenden Schwierigkeiten überwinden werden. Diese Karte verkündet Erleuchtung in der Liebe, subtile Liebe und impulsive Liebe. Was die Finanzen angeht, müssen Sie mit Verzögerungen und einigem Ärger rechnen; dennoch ist Ihr Vorhaben sehr vielversprechend.

Die Familie der Äste

Die Familie der Äste ist mit dem Element Luft verbunden, vor allem mit dem Wind, der Bewegung symbolisiert. Dies ist das Element der Kommunikation, der Reibungen und der Sprache, der Mobilität, des Kontakts und der Schnelligkeit, aber auch des Denkens und der Selbstbeherrschung. Die Äste gehören dem Haselstrauch. In den Pflanzen symbolisiert die Luft den Kreislauf der Säfte.

König der Äste Notos

Notos ist der Gott des angenehmen Südwindes. Er verspricht die Hilfe eines einflußreichen Menschen bei Ihren Plänen – aber verärgern Sie ihn nicht! Er bringt Sie mit vielen Leuten in Verbindung.

Königin der Äste Boreas

Boreas ist ein segensreicher, aber bisweilen etwas trockener Nordwind. Er bringt Schwierigkeiten mit sich, doch er macht auch die Erde fruchtbar. Boreas sagt voraus, daß eine Frau in Ihr Leben tritt. Sie ist mächtig und geht Ihnen manchmal auf die Nerven; aber sie ist sehr hilfreich.

Ritter der Äste Pegasus

Pegasus, das geflügelte Pferd, wurde aus dem Blut der Medusa geboren, eines Ungeheuers aus der Tiefe des Meeres. Als Herr des Windes trägt er seinen Reiter überall hin. Trotz dieser "übernatürlichen" Hilfe müssen Sie sich anstrengen, um Ihre Ziele zu erreichen.

Knappe der Äste Zephir

Der Zephir ist ein heftiger, steriler und verheerender Westwind. Er kündigt Probleme und Konflikte an, die gelöst werden müssen, aber auch schlechte Laune.

Zehn der Äste

Die Zehn der Äste sagt Umzug oder eine Reise voraus. Sie haben ein gewisses Interesse am Lernen. Erholen Sie sich auf dem Land, wenn Sie erschöpft sind, umgeben von fürsorglichen Menschen. Sie haben gute, aber unkonventionelle Freunde.

Neun der Äste

Die Neun der Äste rät Ihnen zur Geduld – die Zeit ist auf Ihrer Seite. Sie erholen sich allmählich von Ihrer Krankheit. Eine alte Liebe taucht wieder auf. Trotz aller Probleme bleibt Ihre Gesundheit stabil.

Acht der Äste

Die Acht der Äste verspricht Stabilität, Freundlichkeit und Sicherheit. In diesem Klima können Sie sich zur Zeit am besten entfalten. Ihre Gesundheit bleibt stabil.

Sieben der Äste

Die Sieben der Äste sagt, daß viel Arbeit und Anstrengung auf Sie zukommen. Was die Liebe betrifft, könnten Sie eine Eroberung machen, die viele Zugeständnisse verlangt. Sie fühlen sich als Sieger.

Sechs der Äste

Die Sechs der Äste kündigt unerwartete Ereignisse und eine schwierige Entscheidung an. Ein finanzieller Engpaß droht; aber Sie können ihn kraft Ihres Willens überwinden. Romantik, Träumerei. Sie brauchen ausreichend Bewegung, um gesund zu bleiben.

Fünf der Äste

Einerlei, welches Problem Sie haben – diese Karte ist günstig. Ein Rätsel wird gelöst. Sie haben gute finanzielle Chancen. Ein Vertrag wird Ihnen angeboten. Eine Liebeserklärung. Sport und anstrengende körperliche Tätigkeit.

Vier der Äste

Diese Karte ist ein Herold des Erfolges, der sich mit Riesenschritten nähert. Gute finanzielle Gelegenheiten bieten sich. Was Ihre Gesundheit angeht, so hat Reden eine befreiende und heilsame Wirkung. Außerdem weist die Karte darauf hin, wie wichtig Freunde und Beziehungen sind.

Drei der Äste

Die Drei der Äste kündigt vorteilhafte Kontakte und freundschaftliche Begegnungen an. Begonnene Projekte entwickeln sich günstig. Beginn der Ernte. Auch in der Liebe ist die Lage sehr vielversprechend. Ihre Gesundheit wird sich deutlich bessern.

Zwei der Äste

Die Zwei der Äste bestätigt, daß Menschen in Ihrer Umgebung gute Absichten haben und Sie unterstützen. Die finanzielle Situation bleibt erfreulich. In der Liebe sind die äußeren Umstände günstig – ein wenig Wankelmut ist allerdings nicht zu bestreiten. Ihre Gesundheit ist gut oder wird sich bessern.

As der Äste

Das As der Äste kündigt einen wichtigen schöpferischen Impuls an. Ihre derzeitigen Projekte sind erfolgversprechend. Die finanzielle Lage bessert sich. Günstige Investitionen. Sie haben eine Glückssträhne. Die Liebe wird stärker und beständiger. Energie und Gesundheit.

Die Familie der Blüten

Die Familie der Blüten ist mit dem Element Wasser verbunden. Dies ist das Element der Stimmungen und Gefühle, der Liebe und Empfindsamkeit. Es symbolisiert Gefühlsäußerungen und Eigenliebe. Die Blüten des Königs und der Königin gehören der Levkoje, die anderen sind Irisblüten.

In der Pflanze symbolisiert das Wasser die Bestäubung und den Duft – Botschaften der Liebe.

König der Blüten Äneas

Äneas herrscht über die Wogen des Meeres. Er ist gutmütig, kann aber auch hart sein, wenn es gilt, die Seinen zu beschützen. Äneas sagt eine innige Freundschaft voraus, vor allem für reifere Männer. Wohlwollen und Hilfe von einem einflußreichen Mann.

Königin der Blüten Thetis

Thetis ist die Herrin des Meeres. Ihre Absichten sind rein, und sie stahlt bedingungslose Unterstützung und Liebe aus. Sie verspricht die Hilfe einer sanften Frau und deren Eingreifen zu Ihren Gunsten. Eine inspirierte Frau, eine Heilerin.

Ritter der Blüten Sirene

Die Sirene ist ein verführerisches Geschöpf. Ihr Gesang und ihr üppiger Leib versprechen Leidenschaft – doch sie hat nichts anderes im Sinn, als den unbesonnenen Seefahrer ins Verderben zu stürzen. Auch Odysseus wollte das Lied der Sirenen hören, und da er ihm nicht widerstehen konnte, ließ er sich am Mast seines Schiffes festbinden, um der tödlichen Versuchung nicht zu erliegen. Diese Karte symbolisiert Verführung, Betrug und Schmeichelei. Verführer, Scharlatan, Illusionen. Hüten Sie sich vor dem Gesang der Sirenen.

Knappe der Blüten Danaide

Nachdem die Danaiden ihre Männer getötet hatten, wurden sie dazu verurteilt, ein Faß zu füllen. Da dieses Faß aber keinen Boden hatte, mußten sie sich ewig plagen. Danaide symbolisiert den Verräter in der Liebe. Sie warnt vor einem Komplott in naher Zukunft und vor einem sinnlosen Kampf oder vor einer Gefahr, die alter Hader heraufbeschwört. Wenn Sie krank sind, sollten Sie unbedingt die Wirksamkeit der Therapie nachprüfen.

Zehn der Blüten

Die Zehn der Blüten weist darauf hin, daß einem tapferen Herzen nichts unmöglich ist. Sie sind entschlossen, kennen aber die Richtung noch nicht.

Neun der Blüten

Vorsicht ist geboten. Die Neun der Blüten symbolisiert Einsamkeit, Mitgefühl und Kummer. Sie haben viele Freunde – aber prüfen Sie ihre Motive. Was die Finanzen betrifft, so ist alles möglich, wenn Sie nicht leichtsinnig sind. Launenhaftigkeit.

Acht der Blüten

Die Acht der Blüten verspricht eine glückliche Vereinigung und Zufriedenheit in der Liebe. Starke Gefühle, Liebenswürdigkeit, Freundschaften. Neue Ideen.

Sieben der Blüten

Die Sieben der Blüten sagt Glück und Freundschaft voraus. Vereintes Paar, geheimes Einverständnis. Sie finden wieder den Weg zu sich selbst.

Sechs der Blüten

Dies ist die Karte der emotionalen Spannungen und Mißverständnisse. Streit mit dem Partner. Sie fordern heraus oder werden herausgefordert. Trennung, Bruch, Interessenkonflikte (auch finanzieller Art). Seelische Krise.

Fünf der Blüten

Diese Karte kündigt einen Wandel an, der die Liebe betrifft. Liebe und Zuneigung werden stärker und münden in eine neue Phase des Glücks. Befriedigung und Zufriedenheit. Austausch von Ideen und zärtlichen Worten. Günstige finanzielle Situation.

Vier der Blüten

Die Vier der Blüten verspricht Glück, auch in der Liebe. Ihre finanzielle Lage ist zufriedenstellend. Was die Gesundheit angeht, steht eine freudige Überraschung bevor. Probleme werden gelöst.

Drei der Blüten

Mit dieser Karte verwirklichen Sie alle Ihre Pläne. Wenn Ihre Frage sich um die Liebe dreht, ist diese Liebe echt, vielleicht eine Jugendliebe. Günstige finanzielle Situation.

Zwei der Blüten

Die Zwei der Blüten bekräftigt, daß Freunde Sie unterstützen. Sie sagt eine profitable Partnerschaft und Sympathie voraus. Was die Finanzen betrifft, so betont diese Karte, wie wichtig der Partner oder die Partnerin ist. Heirat, amtliche Bestätigung. Ein Vertrag oder ein Dokument wird unterzeichnet. In Bezug auf die Gesundheit werden Sie optimistischer.

As der Blüten

Diese Karte sagt eine Liebe voraus, die allmählich in Leidenschaft übergeht. Sie tun alles für diese Liebe oder diese Bindung, die stärker ist als jede Vernunft.

Die Gefühle sind stärker. Bedeutsame oder hellseherische Träume.

Die Familie der Körner

Die Familie der Körner ist mit dem Element Erde verbunden. Die Erde ist das konkrete, stabile Element, das Element des Reichtums, des Besitzes, des Gleichgewichts und des Selbstvertrauens. Die Samenkörner sind Nüsse.
Im Pflanzenreich symbolisiert die Erde Fortpflanzung und Vorräte.

König der Körner Paion
Paion ist der Arzt der Götter und Helden. Er hat die Fähigkeit, jede Wunde sofort zu heilen. Diese Karte verspricht Ihnen eine aufmerksame Umgbung, das Eingreifen eines wichtigen Menschen und seine entschlossene Unterstützung. Was die Finanzen angeht, so hilft ihnen ein Mentor. Wenn Ihre Frage die Liebe betrifft, wird eine wichtige Person zu Ihren Gunsten tätig. Was die Gesundheit angeht, so sind Sie in guten Händen. Heilung.

Königin der Körner Themis
Themis ist die Göttin des Rechts und der Gerechtigkeit. Dies ist immer eine günstige Karte. Sie bringt die Dinge gelassen und unerbittlich in Ordnung und erweist sich als große Hilfe. Was die Finanzen angeht, wird eine Frau Ihnen entschlossen helfen. Auch in der Liebe werden Sie von einer Frau beschützt.

Ritter der Körner Chiron
Chiron ist der gute Kentaur, der uns im Beutel, den er in den Händen hält, alle wirksamen Arzneien

der Natur bringt. Diese Karte ist immer positiv, vor allem wenn Sie ein Gesundheitsproblem haben. Sie bringt gute Nachrichten und vermehrt den Besitz. Chiron ist ein kluger Ratgeber.

Knappe der Körner Tantalos

Tantalos ist das Opfer der Qualen, die seinen Namen tragen. Angekettet und vom Neid verzehrt, kann er das, was er begehrt, nie erreichen. Er ist das Sinnbild der Unreife im Umgang mit Reichtum.

Tantalos symbolisiert unersättliche Besitzgier ohne Rücksicht auf andere. Was die Liebe betrifft, warnt er unverblümt vor Vulgarität und Pomp.

Zehn der Körner

Diese Karte gibt einen Überblick über die finanzielle Situation. Ob sie günstig ist oder nicht, hängt von den benachbarten Karten ab. Die Elemente sind da, aber nichts ist entschieden oder erreicht. Spirituelles Vermächtnis. Erbschaft.

Neun der Körner

Sie haben gute Aussichten, inneren und äußeren Reichtum zu erwerben. Es fehlt Ihnen nicht an Willenskraft, Ausdauer und Mut. Aber diese Karte rät auch zur Vorsicht. Sie können die Chancen nur nutzen, wenn Sie die Augen aufmachen.

Acht der Körner

Diese Karte verrät künstlerisches und berufliches Talent, die Voraussetzung für den Erfolg. Finanzielle Gewinne, Erwerb von Gütern. Innere Stabilität, seelisches Gleichgewicht. Eine konstruktive Phase. Spiegelbild des Ichs. Gutes Selbstwertgefühl. Diese

Karte verspricht eine dauerhafte, echte und problemlose Liebe.

Sieben der Körner

Die Sieben der Körner symbolisiert den Kreislauf des Reichtums und der materiellen Güter. Sie sagt voraus, daß das Geld in ständigem Strom und regelmäßig kommt und geht – Besitz wird also nicht angehäuft. Zur Zeit hat die Vernunft die Gefühle im Griff oder analysiert sie. Emotionale Therapie, Psychotherapie. Liebe: androgyn, zweideutig, platonisch.

Sechs der Körner

Die Sechs der Körner kündigt Spannungen oder eine finanzielle Krise an. Die Situation ist derzeit unstabil und droht auszuufern. Sie sind desillusioniert und zweifeln an Ihren Idealen. In dieser kritischen Phase der spirituellen Entwicklung haben Sie das Gefühl, die Richtung verloren zu haben. Diese Karte deutet auf innere Unruhe hin, die vor allem emotionale Ursachen hat. Seelischer Schock. Abkapselung. Selbstverleugnung.

Fünf der Körner

Diese Karte sagt Unzufriedenheit mit Ihrem Schicksal voraus. Sie sind sehr ehrgeizig und zäh und wollen sich nicht mit der jetzigen Situation abfinden, sondern weiterkommen. Ihre Abneigung gegen Konformität ist manchmal schmerzhaft. Auch mit der finanziellen Lage sind Sie unzufrieden, einerlei, wie sie sich darstellt. In der Liebe sind Sie unersättlich, herablassend oder verständnislos. Achten Sie mehr auf Ihre Gesundheit.

Vier der Körner

Die Vier der Körner verspricht finanziellen Erfolg und eine Phase der Stabilität und der Ruhe. Ihre Gesundheit ist nicht (oder nicht mehr) gefährdet. Die Liebe wird intensiver und glücklicher. Eine dritte Person spielt für Ihre Beziehung eine wichtige Rolle. Eifersucht und Neid einer Frau oder mehrerer Frauen.

Drei der Körner

Es gibt viele Wege zum Ziel. Das Glück ist Ihnen hold und unterbreitet Ihnen günstige Gelegenheiten. Das Schicksal hilft ein wenig nach. In der Liebe müssen Sie mit einem unerwarteten Ereignis oder einer überraschenden Begegnung rechnen. Was die Gesundheit betrifft, so akzeptieren Sie Ihre Schicksal. Ein Wunsch geht in Erfüllung. Seelische Heilung.

Zwei der Körner

Ihre Anstrengungen beginnen Früchte zu tragen. Die finanzielle Lage wird sich bald bessern. Das Glück ist immer noch auf Ihrer Seite. In der Liebe sagt diese Karte einen Umzug oder einen Auszug voraus. Versöhnung oder Neubeginn. Schwangerschaft, Stillen, Glück.

As der Körner: Das Füllhorn

In dieser Karte sind Reichtümer aller Art enthalten. Sie ist der mächtigste Vorbote des Glücks. Gute finanzielle Aussichten. Erfolg in der Liebe, starke Gefühle. Robuste Gesundheit; völlige Genesung steht bevor.

So befragen Sie die Karten

Wenn Sie bereits Erfahrung mit dem Tarot haben, können Sie auch die Karten des Hellen-Tarots auslegen, wie Sie es gewohnt sind. Wenn nicht, stelle ich Ihnen nachfolgend einige Legemuster vor.

Einfache Methode: 3 Karten

Diese Methode verschafft Ihnen einen schnellen Überblick über Vergangenheit, Gegenwart und Zukunft eines Problems. Zunächst mischen Sie die Karten, dann ziehen Sie die erste Karte und legen sie verdeckt auf den Tisch. Nun ziehen Sie die zweite Karte und legen sie, ebenfalls verdeckt, rechts neben die erste. Zum Schluß ziehen Sie die dritte Karte und legen sie rechts neben die zweite. Drehen Sie jetzt die Karten von rechts nach links um.

Die erste Karte steht für die Vergangenheit und wichtige Aspekte, die Sie verstehen sollten. Die zweite Karte gibt einen Überblick über die derzeitige Situation. Die dritte Karte erlaubt einen Blick in die Zukunft.

Der Garten von Hellen 7 Karten

Treten Sie in Hellens Garten ein, und besuchen Sie dort die glücklichen Inseln. Hellen hat ihre Pflanzen so angeordnet, daß sie Ihre Fragen beantworten. Mischen Sie die Karten, und denken Sie dabei an Ihre Frage. Konzentrieren Sie sich auf das Problem oder auf die Frage. Heben Sie dann die Karten mit der linken Hand ab (wenn Sie Linkshänder sind, mit der rechten), und machen Sie daraus zwei Stapel. Jetzt ziehen Sie sieben Karten und ordnen sie so an:

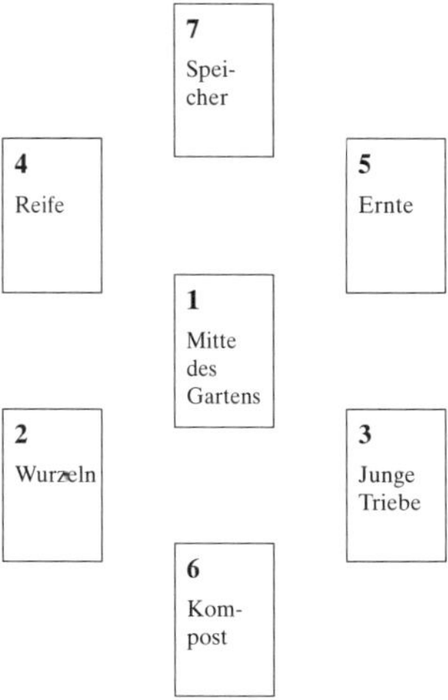

1. Die Mitte des Gartens: Die Karte im Zentrum ist die Pflanze, die in der Mitte des Gartens wächst. Sie ist am auffälligsten und gibt den Grundton an.

2. Die Wurzeln: Die zweite Karte (unten links) symbolisiert die Wurzeln. Sie gibt Auskunft über die Vergangenheit, die Grundlagen und die Motive.

3. Die jungen Triebe: Die dritte Karte (unten rechts) steht für die jungen Triebe. Sie verrät, was bald geschieht, was der nächste Tag bringt.

4. Die Reife: Die vierte Karte (oben links) ist das Symbol der reifen Pflanzen. Sie sagt Ihnen, welche Aspekte zuletzt wirksam werden.

5 Die Ernte: Die fünfte Karte (oben rechts) ist das Sinnbild der Früchte, also der vorläufigen Ergebnisse.

6 Der Kompost: Die sechste Karte (ganz unten) symbolisiert den Haufen, auf den man Pflanzenreste wirft. Diese Reste zersetzen sich und werden zu Kompost. Die Karte enthüllt, was einst nützlich war, nun aber aufgegeben oder zerstört werden muß.

7 Der Speicher: Die siebte und letzte Karte (ganz oben) ist das Symbol der künftigen Saat, des Endergebnisses. Diese Karte gibt die definitive Antwort.

Ein wenig Botanik

1 Das Feldstiefmütterchen ist Viola tricolor, ein Veilchengewächs.

2 Die Rose ist Rosa gallica, auch Essigrose genannt.

3 Die Lilie ist Lilium candidum, auch Madonnenlilie genannt.

4 Die Engelwurz ist Angelica archangelica, auch Brustwurz genannt.

5 Die Glockenblume ist Campanula trachelium.

6 Die Mandragora ist die Mandragora, aber manche Leute sagen, sie sei eine Bryonie (Bryona dioqua).

7 Der Sturmhut ist Aconitum napellus, auch blauer Eisenhut genannt.

8 Die Minze ist Mentha piperita, die Pfefferminze.

9 Das Knabenkraut ist Orchis, ein Orchideengewächs.

10 Der Tyhmian ist Thymus vulgaris, auch Quendel genannt.

11 Das Löwenmaul ist Antirrhinum majus, auch Großes Löwenmaul genannt.

12 Die Mistel ist Viscum album, auch weiße Mistel genannt.

13 Das Getreide sind der Weizen und der Hafer zu Ehren der Erntegöttin Ceres.

14 Die Seerose ist Nymphaea alba, auch Weiße Seerose genannt.

15 Die Raute ist Ruta, von der es viele Arten gibt.

16 Der Klatschmohn ist Papaver rhoeas, auch Seidenmohn genannt.

17 Das Salomonssiegel ist Polygonatum vulgare, ein Liliengewächs.

18 Die Herbstzeitlose ist Colchicum autumnale, ein Liliengewächs, auch Zeitlose genannt.

19 Das Johanniskraut ist Hypericum perforatum, auch Hartheu genannt.

20 Die Linde ist Tilia silvestris.

21 Die Brennessel ist Urtica dioica, auch Große Brennessel genannt.

0 Die Flockenblume ist Centaurea cyanus, auch Kornblume genannt.

Valérie Bernard für den Hellen Tarot

Hinweis

Dies ist ein Tarot zum Weissagen, inspiriert von der Betrachtung der Natur. Sie können ihn benutzen, um die Karten zu befragen, wenn Sie ein Problem haben, oder um damit zu spielen wie mit jedem anderen Kartenspiel. Versuchen Sie bitte nicht, mit diesem Tarot Kräuterrezepte zu mixen - die genannten Pflanzen sind zum Teil sehr giftig. Fragen Sie also einen Arzt, wenn Sie Beschwerden haben.

AGM
AGMÜLLER
Bahnhofstrasse 21
CH-8212 Neuhausen am Rheinfall
Schweiz

Tel. ++41 (0)52/674 03 30, Fax: ++41 (0)52/674 03 40
E-Mail: info@agm.ch
Webseite: http://www.tarotworld.ch